www.tredition.de

AF163353

Florian Bauer

Unbekanntes Kroatien

Offroad Touren und Wander Routen im Velebit Gebirge

www.tredition.de

© 2021 Florian Bauer

Verlag und Druck:
tredition GmbH, Halenreie 40-44, 22359 Hamburg

ISBN
Paperback: 978-3-347-36484-4
e-Book: 978-3-347-36485-1

Das Werk, einschließlich seiner Teile, ist urheberrechtlich geschützt. Jede Verwertung ist ohne Zustimmung des Verlages und des Autors unzulässig. Dies gilt insbesondere für die elektronische oder sonstige Vervielfältigung, Übersetzung, Verbreitung und öffentliche Zugänglichmachung.

Für Jakob und Quirin

„das wichtigste Stück im Reisegepäck ist immer noch das fröhliche Herz"

Hermann Löns

Inhalt

Faszination Velebit..7
Sicherheit (Landminen)..8
Wanderungen im Velebit und Paklenica.................................9
Navigation (GPS)..10
World Wide Web...11
Campingplätze..12
Übersichtskarte..15

Auf Schotter und Asphalt durch das Velebit

Route 1, Mali Alan..17
Route 2, Die unbekannte..21
Route 3, Die einsame...24
Route 4, Genuss auf Asphalt..29
Route 5, Die Holzroute...33
Route 6, Die felsige..39
Route 7, Die Südroute..44

Unterwegs zu den Gipfel im Velebit

Wanderung 1, Tulove Grede...50
Wanderung 2, Velike Vitrenik...52
Wanderung 3, Zavzian..55
Wanderung 4, Kuca Alan..58
Wanderung 5, Visibaba..61

Faszination Velebit
Gründe für eine
Reise in das Velebit

Mit 145 km Länge ist der Velebit das längste Bergmassiv der dinarischen Berge. Die Ostseite ist durchgehend bewaldet, der größte Buchenwald Europas bestimmt das Landschaftsbild. Die westliche, dem Meer zugewandte Seite ist spärlich bewachsen. Das Massiv ist Klima- und Wetterscheide zwischen dem Gebirgsklima im Landesinneren und dem mediterranen an der Küste. Der berüchtigte Fallwind Bura ist eine Folge davon. Oft wird in der Literatur der Velebit in 3 Teile unterteilt, der Nationalpark nördl. Velebit, der Nationalpark Paklenica im Süden und dazwischen der Naturpark Velebit. Braunbär, Wolf, Luchse und Adler leben hier in freier Wildbahn.

Täuschend echt, aber aus Holz.

Für die Kroaten hat der Velebit („großes Wesen") schon seit dem Altertum eine wichtige Bedeutung. Viele Mythen, Sagen und Volkslieder ranken sich um das Gebirgsmassiv. Mich hat das Velebit schon seit Jahren in den Bann gezogen und nicht mehr losgelassen. Die geographische Nähe zum quirligen, touristischen Leben an der Küste mit angenehmen Temperaturen, dem Hochgebirge mit seinen markanten Felsen und dem landwirtschaftlich geprägten Hinterland lassen mich immer wieder den Velebit bereisen, auf der Suche nach neuen Wegen.

Sicherheit (Landminen)

Unsichtbare Folgen des Krieges

Während des Krieges 1992-95 waren Teile des Velebit Gebirges strategisch wichtig und heftig umkämpft. In diesen Bereichen wurden auch Landminen verlegt, diese sind zum Teil heute noch dort. Diese Minenfelder sind bekannt und gekennzeichnet.

Im Internet ist unter www.hcr.hr/en/ u.a. auch eine Landkarte mit eingezeichneten Minenfeldern zu finden.

Die in diesem Buch aufgeführten Wanderungen finden nur auf ausgewiesenen Wanderwegen vom kroatischen Alpenverein statt, diese sind alle minenfrei. Die Off Road Touren führen teilweise an Minenfeldern vorbei, auf diese Stellen wird in der Routenbeschreibungen hingewiesen.

Leider ist es zur Mode geworden, diese Warnschilder als Souvenir mit nach Hause zu nehmen, solche Aktionen können Menschleben kosten!!!!!!!

Wanderungen im Velebit

Grundsätzliches

Das Velebit Gebirge und der Paklenica Nationalpark sind ein Paradis für Wanderer und Kletterer. Gut erschlossene und markierte Wanderwege ermöglichen Touren von 1h bis zu mehrtägigen Touren durch den Velebit. Angelehnt an die Off Road Touren möchte ich hier einige Möglichkeiten aufzeigen, den Velebit auch per Pedes zu erkunden und zu genießen. Für die folgenden Bergwanderungen ist gutes Schuhwerk nötig, die Navigation stellt durch durchgehende Markierungen keine Herausforderung dar. Je nach Jahreszeit dürfen genug zum Trinken und eine Regenjacke im Rucksack nicht fehlen. Das Wetter kann im Gebirge schnell umschlagen. Beste Jahreszeit ist von Mai -Oktober, im Mai ist nach schneereichen Wintern noch mit Altschneefeldern zu rechnen, im Oktober kann es schon empfindlich kalt werden.

Navigation (GPS)

Immer auf dem richtigen Weg

Für die Vorbereitung zuhause und auf Reisen durch Kroatien verwenden wir folgende Straßen- und Wanderkarten:

Straßenkarte Kroatien Nr. 757, Michelin Verlag, Maßstab 1:750000, ISBN-13: 9782067219113

Autokarte Freytag & Berndt BLAK 0721, Freytag & Berndt Verlag, Maßstab: 1:200000, ISBN-13: 9783707916874

KOMPASS-Wanderkarten 2900, Kompass-Verlag, Maßstab: 1:100000, ISBN-13:9783990446393

Bei Routen, deren Verlauf auf Landkarten und Navigationsgeräten nicht eindeutig dargestellt wird sind bei den Routenbeschreibungen einzelne GPS-Wegpunkte angegeben. Diese manuell in das GPS-Gerät eingegeben ergeben dAnfang und oder Endpunkt befinden sich immer in der Nähe einer größeren Straße, welche dem Navigationsgerät bekannt ist.

Wegpunkte in diesem Buch sind in Längen- und Breitengraden, gemäß WGS 84 im Dezimalsystem 00,00000° angeben. Bei Reiseantritt darauf achten, dass Ihr Gerät auf dieses Format eingestellt ist.

World Wide Web

www.hps.hr

Internetauftritt des kroatischen Bergsteigerverbandes (Hrvatski Planinarski Savez) Der Besucher findet auf den Seiten ein Verzeichnis aller Berghütten in Kroatien, Wanderrouten und vieles mehr.

www.np-sjeverni-velebit.hr

Auf der offiziellen Seite des Nationalpark Velebit finden sich Informationen zu einem Beuch im Park. Wanderwege, Verhalten im Park sowie viele Erklärungen zu Flora und Fauna.

www.np-paklenica.hr

Internetauftritt des Nationalpark Paklenica. Wanderwege und Verhalten im Gebirge werden beschrieben und erklärt. Schwerpunkt ist die Kletteranlage mit der Geschichte und Routenbeschreibungen.

www.hgss.hr

Auf diesen Seiten stellt sich der kroatische Bergrettungsdienst (HGSS) vor. Verhalten im Hochgebirge und bei Bergunfällen werden erklärt.

Campingplätze

Während die touristisch erschlossene Küste Kroatiens zahlreiche Campingplätze jeder Komfort- und Preisklasse vorweisen kann, befinden sich im dünn besiedelten Hinterland des Velebit Gebirges nur einzelne über das Land verteilte Plätze. Oft sind es kleine Anlagen, die in großen Campingführern nicht oder nur schwer zu finden sind.

Kamp Velebit

Direkt an der Strasse Karlobag – Gospic gelegen. Naturbelassener Campingplatz mit großer Wiese, teilweise unter Bäumen. Kein großer Komfort, einfache Sanitäranlagen, liebevoll gestaltetes und gepflegtes Areal. Die nahe gelegene Straße ist nachts kaum befahren. www.kampvelebit.ocm

Rizvan City Camp

Direkt am Beginn/Ende der Route 3 gelegen, das Adventure Camp Rizvan mit angeschlossenem kleinen Camping Platz. Relativ neu angelegte Anlage, die Bäume für Schatten müssen noch wachsen. Malerisch gelegen inmitten des Velebit Gebirges. Gute, sehr saubere Sanitäranlagen, WLAN, Pool. Die Übernachtung ist auch in Bungalows möglich (Biker). Kein Restaurant und Einkaufsmöglichkeit. www.camp-rizvancity.com

Camping Vrata Velebit

Ca. 3km abgelegen von der Küstenstraße E65 in den Bergen gelegen. Auf einer Hochebene in einem Ethnodorf angelegter Platz mit dem für den Velebit typischen Baumbestand. Sehr gepflegte Anlage, sehr saubere Sanitäranlagen, kein WLAN, kein Restaurant, keine Einkaufsmöglichkeit (nur selbst gemachten Honig vom Besitzer). Wer Ruhe und Einsamkeit sucht, ist hier richtig.

Bei der Ortschaft Tribanj, zwischen Karlobag und Paklenica an der Küstenstraße zweigt eine asphaltierte Straße ab, dieser ca. 3km bergauf folgen. Campingplatz ist beschildert.

Kamping Muskovci Zrmanja

An der Route 7 am Zrmanja Fluss gelegen. Kleiner Campingplatz, teilweise Schatten, sehr einfach sanitäre Anlagen, direkt am Fluss und Wasserfall gelegen. Restaurant am Platz, kein WLAN, keine Einkaufsmöglichkeit (frisches Brot morgens im Restaurant). Tagsüber je nach Saison frequentiert mit Tagestouristen, nach Sonnenuntergang sehr ruhig. Fahrer von größeren Wohnmobilen bitte die Anfahrtshinweise bei Route 7 beachten.

Eine Freundschaft

Unter dem Titel: „The wolf man- the Diary of Paul Balenovic strahlte die BBC 1998 eine Dokumentation über einen Mann und seinen Wolf aus. Pavle (Paul) Balenovic ein kroatischer Stuntman und Musiker adoptiert in jungen Jahren einen Wolfswelpen. Schnell merkt Pavle dass er seinem Wolf (Lik) in Zagreb kein artgerechtes Leben bieten kann. Er beginnt mit Lik dessen Heimat, den Velebit zu erkunden. Jede diese Touren begleitet Pavle mit der Kamera. Es entstanden über die Jahre unzählige Filme über die Freundschaft zwischen Mensch und Tier sowie die Schönheiten des Velebit Gebirges zu allen Jahreszeiten. Weit über den Tod von Lik hinaus ist Pavle der rauen Berglandschaft treu geblieben und bis heute begleitet ihn seine Kamera auf den Streifzügen durch die Berge. O.g. BBC Doku und Filme von Pavle Balenovic finden sich auf You Tube.

Übersichtkarte

©opentopomap.org

Auf Schotter Und Asphalt Durch Das Velebit

Route 1: „Mali Alan"

Von Starigrad nach Sveti Rok

Routenlänge: 56km(20km Piste)
Leicht, mit PKW befahrbar

Achtung: Im ersten Drittel befindet sich der noch asphaltierten Straße ein Minenfeld. Hinweisschilder sind angebracht.

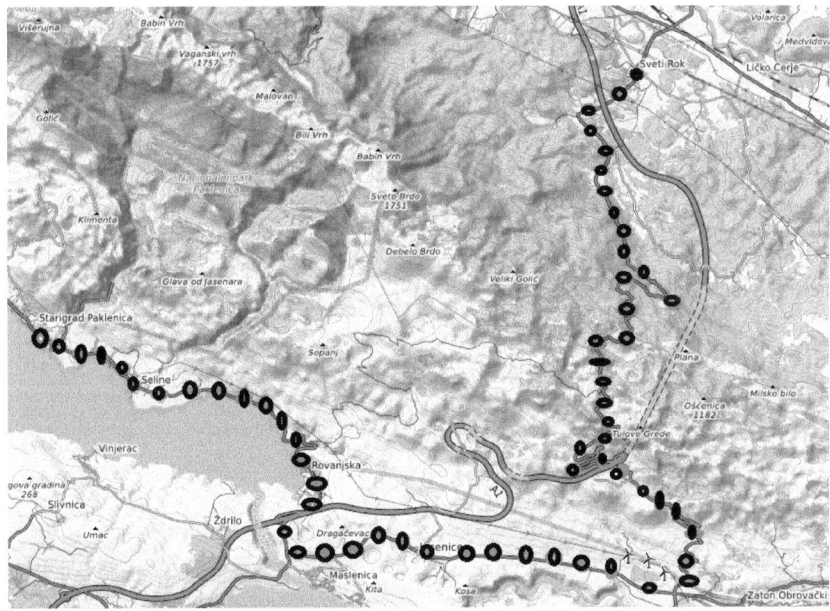

©opentopomap.org

In Starigrad reihen wir uns auf der Hauptstraße 8, der „Jadranska Magistrale" Richtung Süden in den regen Verkehr ein. Am Ortsausgang gibt es noch die Möglichkeit zum Tanken und Einkaufen. Wir folgen der Hauptstraße, bald kommt die Autobahn Rijeka-Split ins Blickfeld. Bereits auf dem Autobahnzubringer zweigt die Straße nach links ab, Richtung Obrovac, Maslenica. Die Autobahn wird durch eine Unterführung passiert, um kurz danach zu einer Kreuzung zu kommen. Dorf fahren wir links Ri. Gracac, Obrovac. Der Verkehr nimmt spürbar ab, durch die landesübliche Buschlandschaft fahren wir ca. 15 km bis linke Hand eine kleine Straße abzweigt. Die Ortschaft Sveti Rok steht auf einem Hinweisschild. Als Orientierungshilfe dienen einige Windräder, die dort ihre Flügel drehen. Dort links abbiegen. 6Km geht es durch fast unbewohnte Landschaft direkt auf das Gebirge zu. In diesem Bereich liegen noch Landminen in den schwer zugänglichen Abhängen. Warnschilder warnen davor, es gibt aber keinen Grund hier die noch asphaltierte Straße zu verlassen.

Ein Haus am Wegesrand

Ein verfallenes Haus irgendwo im Nichts an den kargen Hängen des Velebit. Warnschilder warnen vor Landminen direkt neben dem Haus. Dort wo einst die Haustüre war, verhindert ein abgeschlossenes Gitter den Zutritt. Eine kleine kroatische Fahne weht im Wind. Grußbotschaften sind aufgeschrieben. Es ist das Geburtshaus von Luka Modric, dem Fußball Weltstar. Nach Besetzung und Ermordung des Großvaters durch die Serben musste die Familie fliehen, Luka Modric verbrachte seine Kindheit in Flüchtlingshotels in Zadar. Er behielt sich die Freude am Fußballspiel, an Orten und in Zeiten, wo für Freude nicht viel Raum war.

Kurz hinter der kleinen Ortschaft Marune überqueren wir den Autobahntunnel. Der Asphalt endet, auf gut fahrbarem Schotter gewinnen wir in einigen Kehren schnell an Höhe. In einer der vielen Serpentinen kommen wir an einigen Häusern und einer Kirche vorbei. Die Straße befindet sich in einem guten Zustand, nach dem Winter und starken Regenfällen ist mit Ausspülungen zu rechnen.

Unmittelbar nach einer Kehre kommt der Parkplatz Vrhprag mit einer Mauer ins Blickfeld, diese wurde gegen den Bora Wind, der hier stark wehen kann errichtet. Hier ist Startpunkt für die Wanderung 01 (Winnetou). Einige Tafeln mit Hinweisen zu den Drehorten der Winnetou Filme sind angebracht. Die Passhöhe ist aber noch nicht erreicht, wir fahren weiter bergauf, noch in Sichtweite vom Parkplatz mündet eine Piste links ab, dieser Punkt markiert das Ende der Route 2. Wer mit Fernblick wieder Richtung Küste möchte, kann hier abbiegen und auf der Route 2 Richtung Modric fahren, die Route 1 führt geradeaus weiter. Außer Touristen und einigen Kroaten, die sich die Autobahngebühr sparen wollen, ist nicht viel Verkehr zu erwarten. Oben an der Passhöhe ist als Orientierungshilfe ein Schild mit dem Hinweis zur Autobahn, Sveti Rok, Zagreb, Split aufgestellt.

Wir tauchen in den Buchenwald ein, ab jetzt geht es bergab, nach 7 km deuten die ersten Bauernhöfe darauf hin, dass wir uns wieder der Zivilisation nähern, kurz darauf haben wir auch wieder Asphalt unter den Reifen. Je nach Jahreszeit bestimmen Traktoren oder mit Holz beladene LKW das Straßenbild. Nach weiteren 2 km ist die Ortschaft Sveti Rok und damit das Ziel der Tour erreicht. Direkt an der Kreuzung lädt eine Gaststätte zum Verweilen ein.

Auf Spuren zu den Dreharbeiten der Winnetou Filme

Zwischen 1962 und 1968 wurden im heutigen Kroatien große Teile der Karl May Filme gedreht. Drehorte waren die Schlucht Velika Paklenica, die Berge bei Tulove Grede, der Zrjmanja Fluss sowie die Plitvicer Seen. Am Tulove Grede sind Drehorte rund um den Berg verteil. Der Platz an dem Winnetou im dritten Teil stirbt sowie die Gräber von Winnetous Schwester und Vater finden sich in dem Bergmassiv. In Starigrad-Paklenica gibt es seit 2009 ein Winnetou Museum. Im ehemaligen Paklenica Motel wohnte während der Dreharbeiten die Filmcrew. Heute beherbergt es das Museum mit Requisiten, Fotos, Plakaten, etc.

Route 2: „die unbekannte"

Von Modric nach Tulove Grede

Routenlänge: 25km (22km Piste)

Einfach bis mäßig, Bodenfreiheit, kein Allrad erforderlich

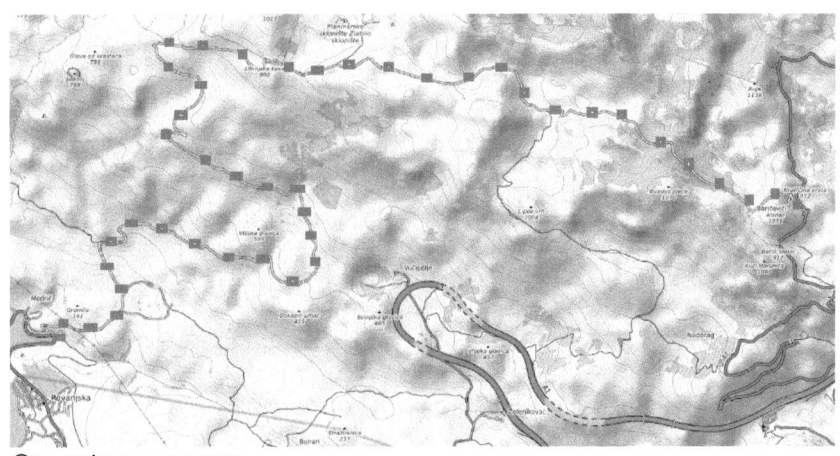

©opentopomap.org

Name	Längengrad	Breitengrad
TG01	N44°2586°	E15°54195°
TG02	N44°261317°	E15°550733°
TG03	N44°263367°	E15°5512°
TG04	N44°287633°	E15°5705°
TG05	N44°271483°	E15°643417°

Auf der Küstenstraße D25 von Starigrad kommend biegen wir nach dem Örtchen Modric in einer Kurve links in eine unscheinbare, kleine Teerstraße ab. Hinweisschilder sind keine vorhanden (TG01). Nach nur ca. 20m folgen wir der Straße in einer Linkskurve steil ansteigend zu den Häusern der Ortschaft Modric. Wir durchqueren die Ortschaft Richtung Osten, an einer Abzweigung in unbewohntem Gebiet halten wir uns links (TG02). Der nächste Wegpunkt lässt nicht lange auf sich warten, bei TG03 biegen wir links in eine breite Schotterpiste ab.

In gleichmäßiger Steigung geht es auf gut befahrbarem Schotter erst Ri. Norden, bis die Straße nach 2 Serpentinen einen Schwenk Richtung Süden macht. Ein markanter Felsgipfel kommt in Sichtweite, welchen wir südl. Umfahren. Regelmäßiger Niederschlag lässt die Natur hier auch Hochsommer in einem satten Grün erscheinen. Immer wieder bieten sich Plätze mit Panoramablick Richtung Küste zum Verweilen an. Nach der Umfahrung des Bergmassivs geht für uns weiter Richtung Landesinneren, einige enge Serpentinen sind zu bewältigen.

Auf 900m angelangt biegen wir bei einem Abzweig rechts ab (TG04). Eine erste steile Passage mit losem Schotter ist ein kleiner Vorgeschmack auf den zweiten Teil. Hier bietet sich ein Platz zum Parken und zur Rast ein.

Der nächste Abschnitt ist gut zu sehen, ein Hang mit leichter Steigung ist zu queren. Bis Tulove Grede führt die Route jetzt immer konsequent Richtung Süd-Osten. Es geht durch unbewaldetes Gebiet mit kargem Bewuchs, einige Almhütten finden sich auf dem Weg. Die Piste hat nicht mehr in guten Zustand wie im ersten Teil, einige Ausspülungen und Anstiege sind zu bewältigen. Fast am Ende ist noch ein kleiner Buchenwald zu durchqueren, ehe die markanten Felsen von Tulove Grede vor uns auftauchen. Bei TG05 haben wir schließlich die Mali-Alan-Straße erreicht, der Parkplatz zum Aufstieg auf den Tulove Grede schon in Sichtweite.

Route 3: „die einsame"

Von Rizvanusa zur verlassenen Militärstation Panos

Routenlänge: 40 km (ca. 35 km Piste)
Mittel bis schwer, Allrad und Bodenfreiheit notwendig

Achtung: im ersten Drittel befindet sich neben der Straße im Wald ein Minenfeld. Ebenso gilt die Umgebung der ehemaligen Kaserne als vermint. Bei Spaziergängen über die Anlagen auf den Wegen bleiben und Markierungen beachten

Name	Breitengrad	Längengrad
PA01	N44.498883°	E15.289817°
PA02	N44.46695°	E15.300967°
PA03	N44.461017°	E15.298017°
PA04	N44.439717°	E15.299433°

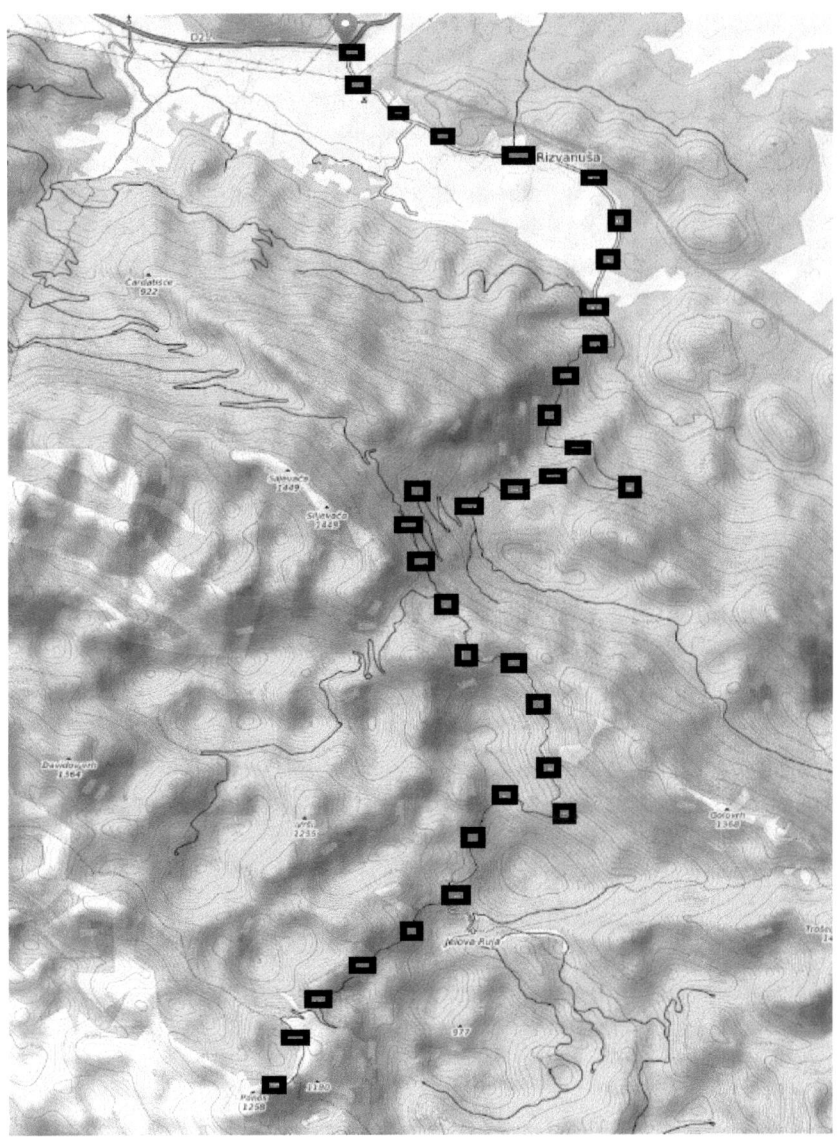

Ausgang- und Zielort ist die Hauptstraße D 25, welche die Ortschaften Karlobag und Gospic verbindet. Außerhalb der Ortschaft Brusane verlassen wir an einem Abzweig (Denkmal) (PA01) die viel befahrene Hauptstraße, dem Wegweiser Rizvanusa folgend. Wir folgen der Teerstraße Richtung Süden. Einen Ortskern suchen wir in Rizvanusa vergeblich, Häuser entlang der Straße unterbrochen von landwirtschaftlicher Nutzfläche sind auf ca. 1 km unser Begleiter. Mit dem letzten Haus endet der Asphalt, auf gut befahrbarem Schotter tauchen wir wieder ein in den typischen Buchenwald.

Nach 3,6 km halten wir uns an einem Abzweig rechts (PA02), ab jetzt führt die Piste bergauf. In diesem Bereich weisen Schilder auf Landminen im steil abfallenden Hangbereich neben der Straße hin. Der Verlauf macht einen Bogen, ab jetzt fahren wir Richtung Westen.

Es folgt ein Abschnitt mit vielen Serpentinen, die uns schnell an Höhe gewinnen lassen. Fahrtrichtung ist jetzt wieder Richtung Süden. Eine nach rechts abzweigender Piste ignorieren wir (PA03), es geht auf ca. 1 km leicht bergab, bevor der letzte Anstieg nach Panos beginnt. Wir kommen zu einer großen freien Fläche, hier warten große Baumstämme auf Ihren Abtransport ins Tal. Bei einer Gabelung nach 14,2 km (PA 04) halten wir uns halbrechts, ein handgemaltes Schild an einem Baum mit der Aufschrift „Panos" weist uns den Weg.

Ab hier beginnt der anspruchsvollste Teil, die Piste wird schmal, Bewuchs ragt in die Piste, herabgefallene Steine müssen umfahren werden und 2 enge Serpentinen müssen auf losem Schotter bewältigt werden. Der Wald wird immer lichter und erlaubt uns erste Panoramablicke. Wir passieren einen Platz, einige Lagerfeuerstellen deuten auf einen Übernachtungsplatz hin, kurz danach haben wir auf 1200 m die ehemalige Militärstation Panos erreicht.

Bei der Anlage handelt es sich um eine ehemalige Luftüberwachung Station der jugoslawischen Armee, welche nach der Unabhängigkeit von den Kroaten erobert wurde. Die Radaranalgen wurden abgebaut und das Areal sich selbst überlassen. Herzstück der Anlage ist ein großes Gebäude welches wohl als Unterkunft der Soldaten genutzt wurde. Einige Nebengebäude finden sich in unmittelbarer Nähe. Im Umfeld finden sich Wachtürme und Betonfundamente. Bei einer Erkundung unbedingt auf Wegen bleiben, das Hauptgebäude ist einsturzgefährdet, von einem Betreten rate ich dringend ab. Der morbide Charme und das unbeschreibliche Panorama Richtung Inseln und Gebirge machen Panos sicher zu einem einzigartigen Ort im Velebit.

Der Rückweg erfolgt auf demselben Weg.

Route 4: „Genuss auf Asphalt"

Vom Lika Fluss zu den Bären von Kuterevo

Routenlänge: 40 km (0 km Piste)

Einfach, nur Asphalt.

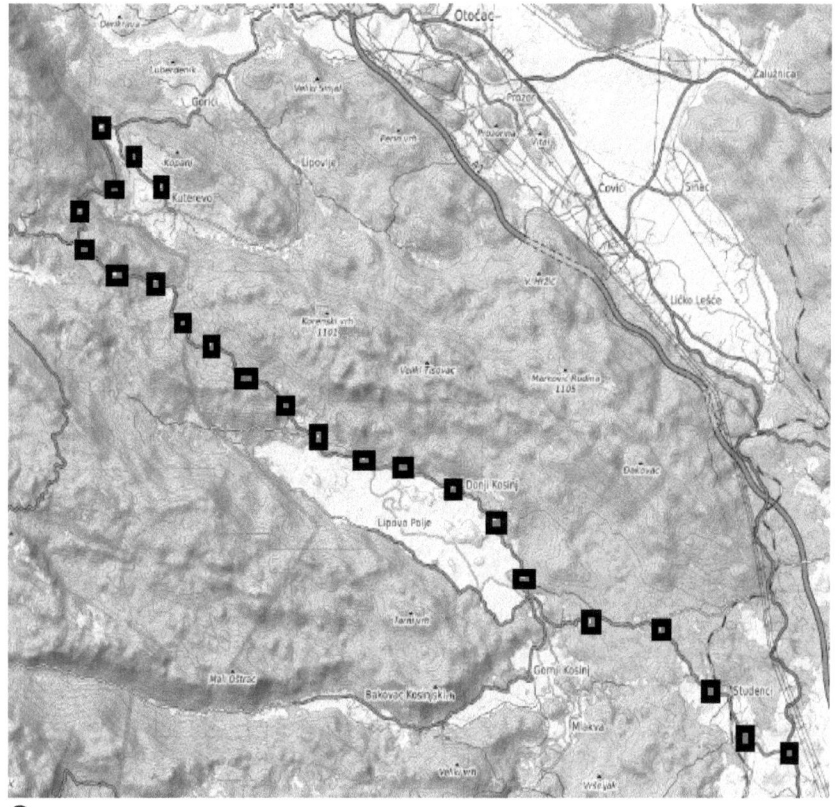

©opentopomap.org

Von Gospic kommend auf der D 50 Richtung Otocac biegen wir bei (LK01) links in eine kleine Asphaltstraße (5146) ein. Einen Mittelstrich suchen wir vergeblich, der Verkehr ist aber so gering, dass nur selten einer ausweichen muss. Am Horizont können wir bereits wieder die Gipfel des Velebit ausmachen. Nach ca. 1km ignorieren wir eine links abzweigende Straße und folgen in einem Bogen der Straße Richtung Krasno. Kurz darauf überqueren wir die Gleise der Bahn Gospic-Otocac. Gepflegte Sommerhäuser und Bauernhöfe prägen neben Äckern und Weiden die Umgebung bis wir das erste Mal zum Fluss Lika gelangen. Malerisch gelegen kommt die Bogenbrücke nach Gornij Kosini ins Blickfeld. Wir überqueren die Brücke aber nicht, für uns geht es rechts weiter. Einen Höhenzug gilt es noch zu überqueren, in engen Serpentinen geht es für kurze Zeit bergauf und dann wieder bergab. Eine kurz vor dem Verfall stehende Kirche zeigt uns den richtigen Weg. Kurz darauf sehen wir den langgezogenen Flusslauf der Lika mit ihren landwirtschaftlichen Nutzflächen. Die Straße führt leicht erhöht das Tal entlang, die Ortschaft Donij Kosini zieht sich an der Straße entlang. Bei (LK02) biegen wir halbrechts ab und verlassen den Fluss Lika.

Ein Aussichtsturm mit Wendeltreppe lädt noch mal zu einem letzten Panoramablick ein, bevor es in die Wälder des Velebit geht. In diesem Bereich herrscht ein Mischwald vor, schon von der Straße aus vermittelt er das Gefühl eines Urwaldes. Wir passieren zwei große Lichtungen in Hanglage, die uns eine Fernsicht ermöglichen und die Pflanzenvielfalt des Velebit aufzeigen. Nach vielen Kurven im Wald kommen wir unvermittelt zu einer Kreuzung, wir haben die 5140, Krasno-Otocac erreicht. Wir biegen rechts ab, die Landschaft ändert sich nicht, nur der Verkehr nimmt wieder zu. Ca. 5km nach dem wir auf die 5140 eingebogen sind, kommt der Abzweig in die Ortschaft Kuterevo. Ein typisches Bergdorf des Velebit liegt kurz danach vor uns. Etwas südl. der Ortsmitte (Kirche) ist unser Tagesziel, die Bärenstation von Kuterevo erreicht.

„Refigiom ursorum kuterevo- das Bärenrefigum Kutervo"

Gegründet 2002 mit dem Ziel Bärenwaisen in möglichst artgetreuen Umgebung das Überleben zu ermöglichen ist es mittlerweile ein festes Ausflugsziel für Touristen im Velebit geworden. 8 Bären leben in 4 großen Gehegen. Der Betrieb wird durch viele ehrenamtliche aus ganz Europa gewährleistet, die bis zu einem Jahr nach Kuterevo kommen. Ein Besuch ist sehr lohnend, auf vielen Schautafeln wird dem Besucher das Leben der Bären im Velebit nähergebracht. Der beste Zeitpunkt Bären zu sehen ist bei einem Besuch morgens oder Spätnachmittag. Weitere Informationen unter: www.baerenfreunde-kuterevo.de bzw. www.kuterevomedvjedi.org

Route 5: „Die Holzroute"

Von Sveti Juraij durch den nördl. Velebit nach Jablanc

Routenlänge: 106 km (inkl. 2x16 km Piste Abstecher nach Dom Zavzian. (ca. 30 km Piste)

Karte Teil 1

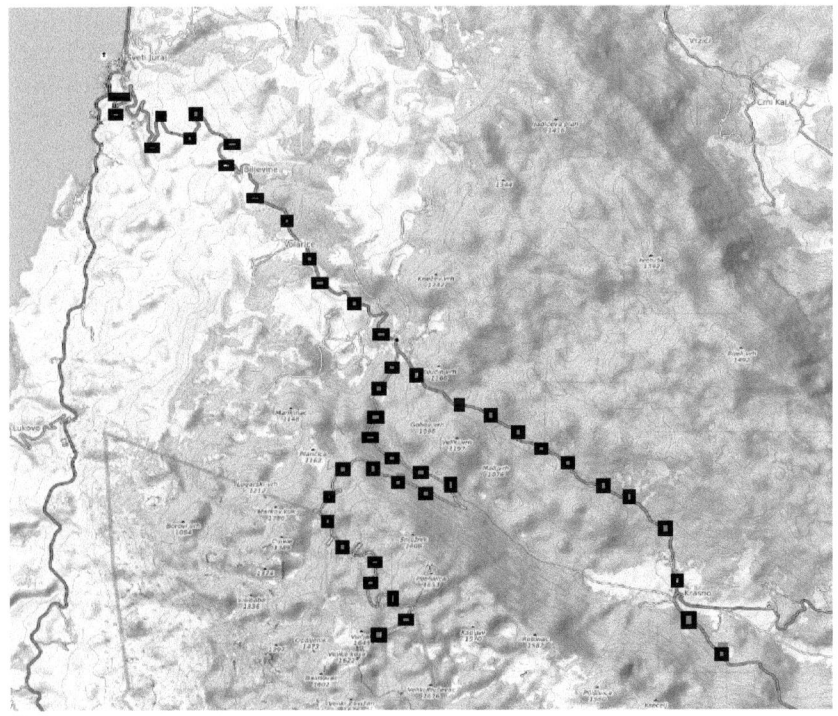

©opentopomap.org

in der Ortschaft Sveti Juraj biegen wir auf Höhe von einem Sägewerk Richtung Krasno ab. Den dichten Verkehr der Küstenstraße lassen wir hinter uns und fahren auf der 5126 Richtung Berge. Auf gut befahrbarem Asphalt gewinnen wir schnell an Höhe, der karge, typische Bewuchs erlaubt immer wieder eine schöne Fernsicht auf die vorgelagerten Inseln. Mehre „Ortschaften" werden durchfahren, Häuseransammlungen ohne jede Infrastruktur. Viele verlassene Häuser deuten auf eine deutliche Landflucht hin, die Ansiedelungen werden keine Zukunft haben. Der einzige Verkehr beschränkt sich auf mit Baumstämmen schwer beladene LKW. Nach 8 km am Ortsausgang von Oltare gabelt sich die Straße, wir halten uns rechts, die für den Nationalpark typischen Schilder weisen uns den Weg. Immer noch auf Asphalt tauchen wir langsam in den Buchenwald ein, in lang gezogenen Serpentinen geht es immer leicht bergauf, bis wir unmittelbar nach einer Kurve die Grenze zum Nationalpark erreicht haben. Beim Ranger in der Station Babic Sica ist die Gebühr von 45 kn pro Person fällig, das Ticket ist dann 3 Tage gültig.

Anfang Mai, noch mit Altschnee.

Direkt nach der Rangerstation endet der Asphalt, auf einer gut befahrbaren Schotterstraße geht es weiter. Die für den Nationalpark typischen Holzschilder weisen uns den richtigen Weg. Der dichte Buchenwald lässt keinen Weitblick zu, im grünen „Tunnel" machen wir noch einige Höhenmeter, um dann unmittelbar aus dem Wald zu kommen. Wir haben einen der vielen Wanderparkplätze erreicht und werden mit einem Panoramablick über das Velebit Gebirge belohnt.

Der Parkplatz ist Startpunkt für die Wanderung 03.

In manchen Landkarten wird die Straße weitergeführt, bei meinem letzten Besuch war die Durchfahrt gesperrt.

Haus Velebit

In dem architektonisch modernen Gebäude etwas außerhalb von Krasno ist neben der Verwaltung auch eine Ausstellung über das Leben im Velebit. Über 4 Etagen wird die Vielfalt der Pflanzen- und Tierwelt sowie die Eingriffe des Menschen dem Besucher nähergebracht. Ein weiterer Teil widmet sich der Entstehungsgeschichte der verschiedenen Karstformen und Grotten. In einem Windsimulator kann der Besucher spüren, wenn die Bora mit voller Stärke über die Gipfel weht. In einem speziellen Aufzug, der den Abstieg zur Lukina Höhle simuliert, wird der Besucher zum Höhlenforscher. Weitere Informationen zu Öffnungszeiten, etc. unter: www.np-sjeverni-velebit.hr

Karte Teil 2

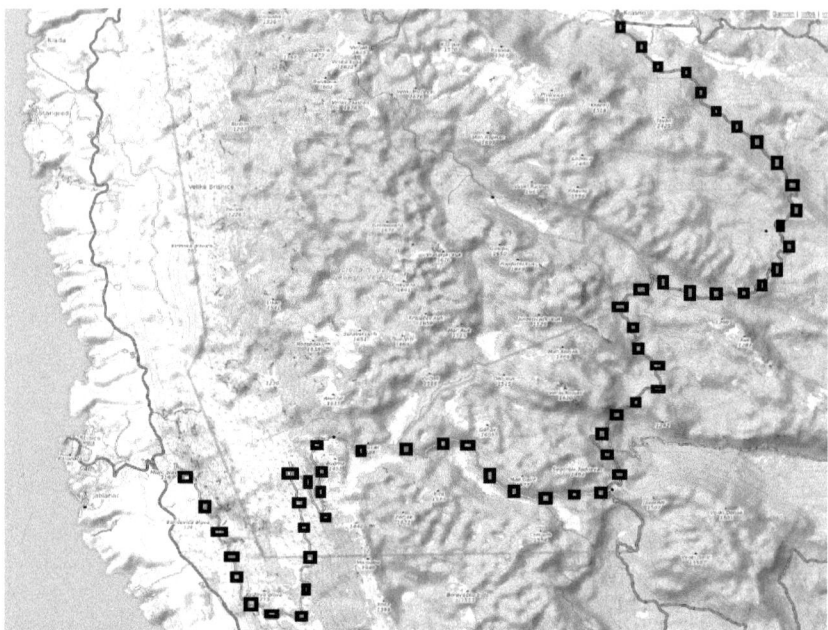

©opentopmap.org

Die Route führt wieder zurück bis zur Gabelung bei Oltare. Dort biegen wir rechts ab, befinden uns jetzt wieder auf der bekannten Teerstraße. Die Ortschaft Krasno ist das nächste Ziel und nach ca. 8km erreicht. Krasno ist die größte Ansiedlung in der näheren Umgebung, Holz bildet hier die Lebensgrundlage, ein großes Sägewerk bestimmt das Ortsbild. Für die Christen ist Krasno ein wichtiger Wallfahrtsort, jedes Jahr zu Maria Himmelfahrt kommen die Pilger zur Wallfahrt in die Kirchen. Auch die Nationalpark Verwaltung hat hier ihren Sitz. Das Haus Velebit liegt etwas außerhalb auf der Straße nach Otocac. Es folgt eine Kreuzung im Ortsmitte, links hätten wir die Möglichkeit Richtung Otocac (Haus Velebit) zur Autobahn zu fahren, wir halten uns rechts, Richtung der Ortschaft Stirovaca.

Abgelegte Baumstämme rechts und links der Straße begleiten uns durch die Ansiedlung. Nur ca. 500m weiter teilt sich der Straßen verlauf wieder, dieses Mal halten wir uns links, Stirovaca ist angeschrieben. So unvermittelt, wie Krasno begonnen hat endet es auch wieder, in der Einsamkeit des Waldes folgen wir dem Straßenverlauf 20 km. Abgehende Wege ignorieren wir, sie führen in den meisten Fällen nur einige hundert Meter in den Wald für Holzarbeiten. Auf einer Lichtung mit einer Berghütte (abgeschlossen) zweigt rechts eine Schotterstraße ab, Richtung Jablanac (beschildert). Dort biegen wir ab, lassen die Teerstraße hinter uns und folgen dem Verlauf der Schotterstraße. Ab jetzt geht es Richtung Westen, Richtung Küste. Den Berghang entlang führt die Piste wieder bergauf, nach ca. 6km ist der höchste Punkt des Tages erreicht, die Passhöhe Veliki Alan (1406m). Ist mit Abstand der schönste Teil der Route, der Wald ist nicht mehr so dicht, erlaubt immer wieder einen Panoramablick Richtung Inseln. Die Schutzhütte Planinarska Kuca Alan markiert für uns das Ende des Nationalparks. Sitzgelegenheiten laden noch zu einer Rast ein.

Schutzhütte Planinarska Kuca Alan

In der Nähe von der Hütte findet sich noch die Reste einer Seilbahn Bergstation, früher wurden die gefällten Baumstämme mit der Seilbahn Richtung Küste transportiert. Seit dem Bau der Straße ist die Anlage dem Verfall preisgegeben.

Der weitere Straßenverlauf führt uns schnell in vielen Serpentingen Richtung Küste, der vertraute, karge Bewuchs löst das üppige Grün des Waldes ab. Nach 17 km ab der Schutzhütte erreichen wir wieder die Küstenstraße D 25 auf Höhe der Ortschaft Jablanac.

Holzindustrie in Kroatien

Bei einem Waldanteil von 43,5% (ca. 2,5 Mio. Hektar) zählt die Holzindustrie in Kroatien zu einem der wichtigsten Wirtschaftszweige. Jährlich wird Holz im Wert von über 1 Mrd. € exportiert. Den größten Anteil des Fällholzes stellt die Eiche mit ca. 45%, gefolgt vom Buchenholz mit 18%. Geschichte und Wohlstand der Region sind eng mit dem Holz verbunden. Die Kriegsschiffe der Republik Venetien wurden mit Holz aus dem Velebit gebaut, später auch die Handels- und Kriegsflotte Dalmatiens. Heute beschäftigt die Holzindustrie ca. 22000 Menschen dauerhaft.

Route 6: „die felsige"

Eine Velebitdurchquerung auf kleinen Wegen

Routenlänge: 44km (ca.29 km Piste)

Mittel, Bodenfreiheit notwendig

Name	Breitengrad	Längengrad
RD01	N44.525215°	E15.114885°
RD02	N44.532390°	E15.113726°
RD03	N44.556405°	E15.118313°
RD04	N44.584580°	E15.100440°
RD05	N44.604140°	E15.098650°
RD06	N44.544905°	E15.220450°
RD07	N44.539352°	E15.234720°

Karst

Das Velebit gehört zu den weltweit interessanten Karstgebieten. Felsen, Türme, Dolinen, Karren, Rillen und Höhlen sind die Markenzeichen, welche das Velebit auszeichnen. Karbonatablagerungen, tektonische Verschiebungen sowie mit CO_2 versetzter Niederschlag waren für die Entstehung verantwortlich. Größe und Form der einzelnen Karstformen hängen von der Niederschlagsmenge und der Zusammensetzung des Felsens ab.

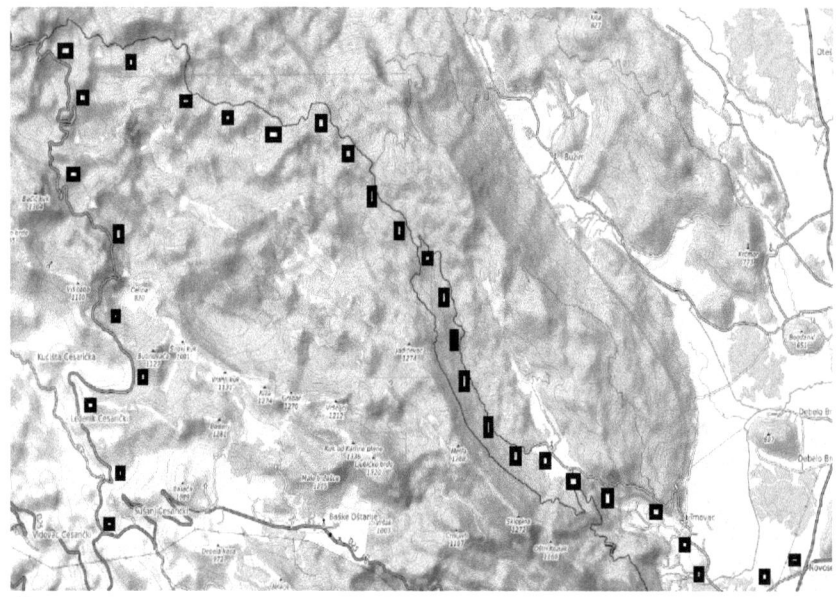
©opentopomap.org

Diese Route beginnt auf der D25 (Karlobag-Gospic), der Hauptverbindung durch und über das Velebit Gebirge. Ca. 10 km von Karlobag kommend zweigt eine kleine asphaltierte Straße Ri. Norden ab, Ravni Dabar ist auf Wegweisern angeschrieben (RD01). Als Orientierungshilfe dient uns ein großes Sägewerk direkt am Abzweig. Wir folgen der leicht ansteigenden Straße. Nach ca. 1 km ignorieren wir die links abgehende Straße, diese führt in die Ortschaft Ledenik.(RD02) Der Hauptkamm mit seinem typischen Buchenwald ist noch nicht erreicht, der Bewuchs ist dünn, der Straßenverlauf oft weit zu sehen. Es geht weiter kontinuierlich bergauf, die Küste mit seinen vorgelagerten Inseln immer noch im Blickfeld.

Die Route führt durch unbewohntes Gebiet, dementsprechend wenig Verkehr ist auf der Straße. Nach ca. 4km ab Abzweig D25 ändert sich die Himmelsrichtung und die Aussicht. Die Straße macht einen Bogen Richtung Osten, die Küste verschwindet aus dem Rückspiegel, die Gipfel des Velebit bestimmen das Landschaftsbild. Nach 7km endet der Asphalt, es sind einige Parkmöglichkeiten für Wanderer vorhanden. (RD03) Wege zu den nahen Gipfeln laden zu einer Wanderung ein. (Startpunkt Wanderung 05) Richtung Osten ist in einer Senke die Schutzhütte Ravni Dabar zu sehen. Auf Schotter geht es weiter, Richtung einer immer näherkommenden Felsformation.

Wir befinden uns jetzt im Klettergebiet Ravni Dabar. Die weitläufige Landschaft mit Fernblick endet, die Straße wird enger und schlängelt sich spektakulär zwischen den Felsformationen hindurch, dieser Abschnitt ist wohl die spektakulärste Durchquerung des Velebit Gebirges. Die Route schwenkt Richtung Norden dicht an der Felswand entlang, es bietet sich ein Panoramablick Richtung Hauptkamm mit seinen Wiesen, Wäldern und Gipfeln.

An einem überhängenden Felsen gefolgt von 2 grob in den Felsen gehauenen Tunneln erinnern uns viele Verkehrsschilder daran, dass wir uns immer noch auf einer öffentlichen Straße befinden. Bald darauf endet die Felsformation, wir tauchen wieder in den uns von vorherigen Routen bekannten Buchenwald ein und folgen dem Verlauf Richtung Norden. Nach ca. 11km ab Start zweigt links eine Piste ab, diese ignorieren wir, (RD04) ehe wir eine Serpentine zu bezwingen haben. Der höchste Punkt des Tages mit ca. 1100m ist erreicht. Bei km 15 folgen wir an einem Kreuzungspunkt der rechts abbiegenden Straße (RD05), ab jetzt geht es für uns Richtung Osten, Richtung Landesinneren. Der Verlauf der Straße bleibt für einige Kilometer konstant auf der Höhe, bis es langsam, aber stetig bergab geht. Je nach Jahreszeit sind vereinzelt Motorsägen zu hören, wir kommen wieder in ein Gebiet in dem Holz geschlagen wird. Der Zustand des Feldweges kann sich verschlechtern, falls mit schwerem Gerät gearbeitet wurde, ist aber mit einem Fahrzeug mit Bodenfreiheit gut zu befahren. Der dichte Wald lässt kaum einen Blick in die Ferne zu, fast unbemerkt machen wir einen Boden Richtung Süd-Osten, Richtung Tiefebene von Gospic. An einer Weggabelung halten wir uns links, die Wahrscheinlichkeit auf Holzarbeiter zu treffen steigt mit jedem Kilometer.

Ohne Ankündigung tut sich eine Lichtung auf, ein dunkles Kapitel kroatischer Geschichte liegt vor uns. (RD06) Während des Nationalsozialismus war hier das erste kroatische Konzentrationslager. Die Gedenkstätte macht einen ungepflegten Eindruck, Erklärungen oder Informationen in englischer oder deutscher Sprache suchen wir vergeblich. Im Anschluss ist es nur noch ca. 1km und die Zivilisation ist wieder erreicht. (RD07) Die kleine Ortschaft Jadvono mit der Wallfahrtskirche St. Maria markiert das Ende eines langen Taleinschnittes. Auf gut befahrbarem Asphalt fahren wir das entlang, Äcker und Wiesen bestimmen das Landschaftsbild, das Leben hier ist von der Landwirtschaft geprägt, vom touristisch geprägten Leben an der Küste ist hier nichts zu spüren. Bei der Ortschaft Trinovac öffnet sich das Tal, das Velebit Gebirge liegt hinter uns. Der Verkehr wird spürbar mehr, bis wir nach weiteren 2km in Novoselo Trnovacko die D 25 erreichen, die Hauptstraße, welche wir bei Karlobag verlassen haben.

Gedenkstätte KZ Jadovno

Das Konzentrationslager war Teil der des Velebit-Pag Lagerkomplexes. 1941 errichteten die kroatischen Ustascha Lager im Velebit und auf Pag. Die Anzahl der ermordeten Menschen in Jadovno (meist Serben und Juden) wurde nie ermittelt, weil keine Registrierung erfolgte und die Leichen direkt in die Saran Schlucht geworfen wurden. Auf einer Lichtung im Wald befindet sich die Gedenkstätte. Auf mehreren Tafeln, die in Steinmauern eingelassen sind, wird das Verbrechen von damals dokumentiert.

Route 7: „Die Südroute"

Vom Zrmanja Fluss über die Hügel südl. vom Velebit Gebirge

Routenlänge: 70km (12 km Piste)

Einfach, keine erhöhte Bodenfreiheit oder Allrad notwendig

Name	Breitengrad	Längengrad
ZF01	N44.217757°	E15.667358°
ZF02	N44.194585°	E15.682930°
ZF03	N44.179003°	E15.725770°
ZF04	N44.200487°	E15.748100°
ZF05	N44.193023°	E15.781702°
ZF06	N44.188910°	E15.800202°
ZF07	N44.166300°	E15.820201°
ZF08	N44.151347°	E15.859983°
ZF09	N44.123354°	E15.832262°
ZF10	N44.116612°	E15.817465°
ZF11	N44.100036°	E15.789561°

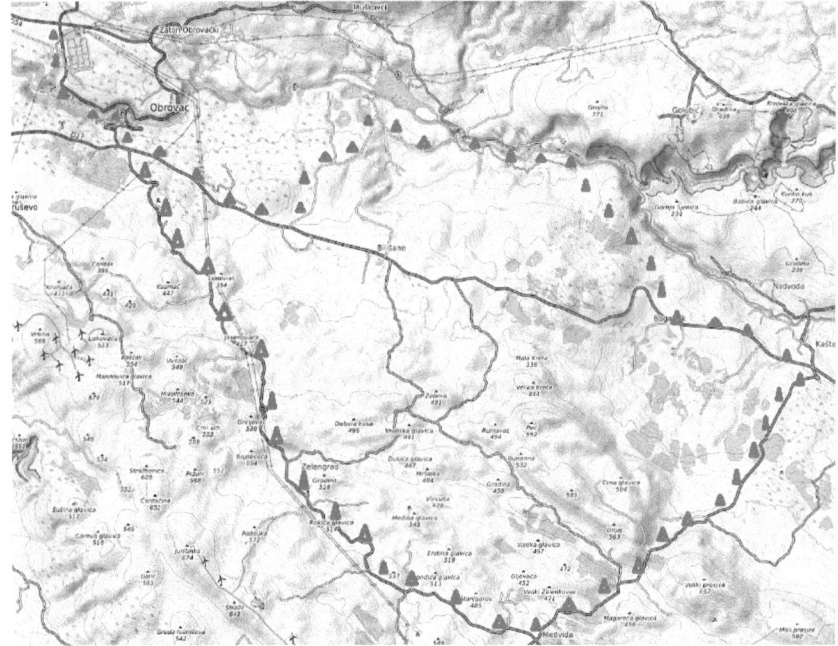
©opentopmap.org

Start ist auf der D54 Maslenica(Autobahn)-Gracac. Von Maslenica kommend biegen wir bei ZF01 rechts ab. Als Orientierungspunkt dient eine große, verlassene Aluminiumfabrik. Diese passieren wir und schon geht stetig bergab Richtung Obrovac. Jetzt kommt auch der Zrmanja Fluss mit seinem tiefblauen Wasser in unser Blickfeld. In Obrovac bietet sich noch mal die Möglichkeit zum Tanken oder Einkaufen. Im Ort überqueren wir den Fluss, ehe wir auf steilen, engen Serpentinen wieder aus dem Tal kommen. Auf einer Hochebene angekommen führt an einer Kreuzung die D27 rechts weiter Richtung Benkovac, wir halten uns links. (ZF02). Der Verkehr nimmt auf dieser Straße spürbar ab, durch unbewohntes Gebiet geht es stetig bergauf. Bei ZF03 biegen wir links ab, mehrere touristische Wegweiser lassen uns den Abzweig nicht übersehen.

Auf Asphalt geht es wieder stetig bergab, den Stausee Razovac im Blickfeld. Bei ZF 04 halten wir uns rechts und erreichen bald die Ortschaft Bilisane. Wir haben nach Obrovac zum zweiten Mal den Zrmanja Fluss erreicht.

Klares, kaltes Flusswasser, Gastronomie und ein Campingplatz laden ein an diesem Platz länger zu verweilen. Der weit verzweigte Flusslauf mit seinen Wasserfällen und Badeplätzen machen diesen Ort einzigartig in Kroatien.

Die meisten touristischen Einrichtungen befinden sich auf der anderen Flussseite. Die beiden Ufer sind durch eine Stahlbrücke verbunden (Achtung: Die Stahlbrücke ist nur für Fahrzeuge bis ca. 1,90m Höhe geeignet, höhere Fahrzeuge müssen von der anderern Flussseite anfahren.) Für den weiteren Routenverlauf bleiben wir auf dieser Seite, durchqueren die Ortschaft Bilisane und gewinnen schnell wieder an Höhe. Nach den letzten Bauernhöfen endet die Asphaltstraße (ZF05), auf gut befahrbarem Schotter geht für uns weiter. Unbewohnte, mit der für den Landstrich typischen Buschlandschaft sind unser Begleiter. Bei ZF06 bekommen wir wieder Asphalt unter die Reifen. Nach einigen Kilometern ist die Ortschaft Zegarski erreicht, wir biegen rechts ab, Richtung Benkovac, Medvida. Ein Gasthaus mit bunten Sonnenschirmen lädt zur Pause ein, ehe wir die Hügellandschaft im Hinterland befahren.

Altlasten

Im Dezember 2019 bemerkten Fischer einen Ölfilm in der Novigrader Bucht. Die Ursache war schnell gefunden. Aus der stillgelegten Aluminiumfabrik bei Obrovac waren bis zu 250.000l Öl und Lauge in den Zrmanja Fluss und dann in die Adria geflossen. Eine Umweltkatastrophe im Naturschutzgebiet zeichnete sich ab. In den Rückhaltebecken der ehemaligen Alu-Fabrik lagern mit Rotschlamm und Natronlauge noch Unmengen an Industrieabfall. Die Sanierung des aus der Jugoslawien Zeit stammende Aluminiumfabrik geht nicht weiter, die beauftragte Firma hat Gifte illegal verklappt.

Die Teerstraße endet bei ZF07. Nach einem 180° Bogen führt die Schotterstraße stetig bergauf, wir passieren eine Kreuzung bei ZF 08,ehe wir bei ZF10 den höchsten Punkt des Tages erreicht haben.

Hier lohnt sich ein Blick zurück, das Velebit Massiv mit seinen Gipfeln ist am Horizont zu sehen. Die Schotterstraße bei dem Ortschild Medvida. Einen Ortskern sucht man vergeblich, das Dorf besteht aus einzelnen Bauernhöfen in der hügeligen Landschaft. Bei einer Ansammlung aus meist verfallenen Gebäude halten wir uns an einer Kreuzung rechts. (ZF11). Das uns schon bekannte Obrovac ist auf einem Wegweiser angeschrieben. Auf kurviger Straße geht es durch eine karge Landschaft, nicht zu vergleichen mit dem Hinterland des Velebit. Viele verfallene und verlassene Häuser säumen das Bild, die Landflucht ist hier wohl nicht mehr aufzuhalten. Nach 16 km ab der letzten Kreuzung erreichen wir auf ruhigem Asphalt wieder die Hauptstraße D 27 bei Obrovac.

Unterwegs zu den Gipfeln Im Velebit

Wanderung 1: Vom Parkplatz Vrhprag zu den Felsen Tulove Grede

Eine Zeitreise zu den Winnetou Filmen

Gehzeit: ca. 2 Stunden,

Höhenmeter: 865m (Parkplatz)- 1120m (Gipfel)

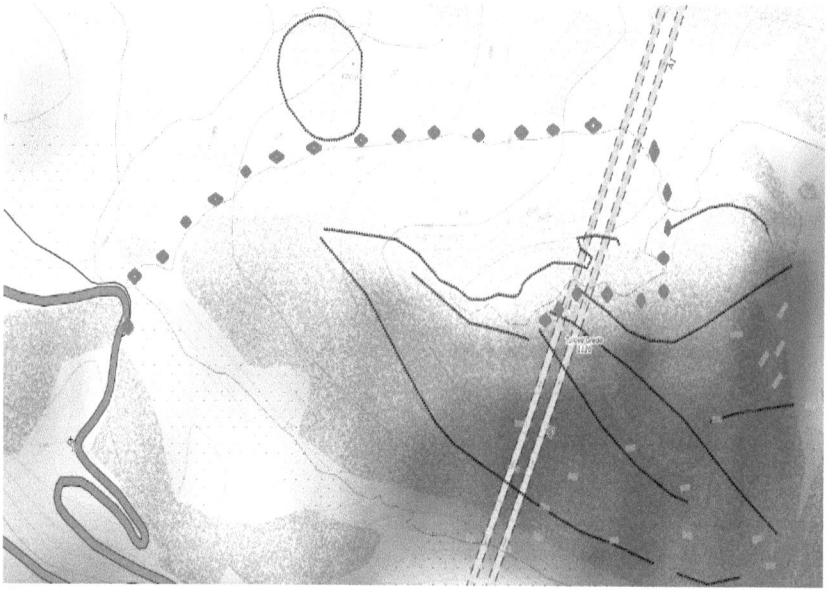

©opentotopomap.org

Ohne Zweifel ist die Tour auf den Tulove Grede ein Muss für alle Fans der Winnetou Filme. Man muss aber nicht zwangsläufig ein Liebhaber der Karl-May Filme sein, um dieses Panorama zu genießen. Bevor wir starten, betrachten wir noch die zahlreichen Bilder und Tafeln zu den Dreharbeiten, welche an der Mauer angebracht sind. Anschließend starten wir auf einem Bergpfad, der uns Richtung Nordosten weg von der Straße führt. Die Orientierung ist nicht schwierig, jederzeit sind auf Felsen gemalten Markierungen zu sehen. Der Weg führt uns oberhalb eines Kraters auf die Nordseite, wir gewinnen an Höhe, bis der Weg auf ca. 1000 hm einen Schwenk Richtung Süden macht, direkt auf die Felsen zu. Wir erreichen eine Wiese, von hier aus öffnet sich uns auch der Blick Richtung Süden. Es bleibt bei Richtung Westen, der Weg wird kurz durch eine kurze Kletterstelle unterbrochen.

Wir befinden uns jetzt direkt am Felsmassiv Tulove Grede. Um den Gipfel zu erreichen sind ab hier einige Kletterstellen im Grad 2 zu bewältigen. Wer das nicht möchte, kann den Ausblick von hier genießen. Ein Drahtseil ist angebracht und hilft beim Weiterkommen. Durch die Südseite folgen wir den Markierungen, es geht noch mal über eine Kante und der Gipfel (1120hm) ist erreicht. Von hier aus können wir das Panorama genießen, von den Gipfeln des Velebit im Nordwesen bis zum Novigrader Meer im Süden. Der Abstieg erfolgt auf dem gleichen Weg.

Wanderung 2: Von Starigrad Paklenica auf den Veliki Vitrenik

Eine Panoramatour mit Fernsicht

Gehzeit: ca. 2,5h

Höhenmeter: 0m (Hafen)- 433m (Gipfel)

©opentopomap.org

Vor allem abends kurz vor dem Sonnenuntergang sieht man sie von der Stadt aus in der Abendsonne leuchten, die 2 Hausberge von Paklenica, den Veliki Vitrenik (433m) und den Mali Vitrenik (410m). Wenn Sie Quartier in Starigrad aufgeschlagen haben, können Sie ihrem Fahrzeug eine Pause gönnen, die Wanderung beginnt direkt in der Ortschaft am Fischereihafen.

Von der Hauptstraße weist ein Hinweisschild „Mirila" den richtigen Weg. Die Route zu den zwei Gipfeln führt auch zu alten religiösen Kultstätten, zu den sog. Totenrastplätzen. Der Weg auf den Berg führt ausnahmslos über schattenlose Hänge, genug Trinken und Sonnenschutz sind vor allem in den Sommermonaten dringend empfohlen. Wir folgen der Straße durch das Wohngebiet, immer dem Wegweiser „Mirila" folgend. Nach den letzten Häuser sind es noch ca. 20m, bis der Wanderweg von der Teerstraße abzweigt. Der Verlauf ist in diesem Bereich eindeutig und gut markiert.

Wir folgen dem gleichmäßig ansteigenden Weg bis wir zu einer Hochebene kommen. Die Vegetation ist hier dichter, Steinmauern und die Hinterlassenschaften von Schafen bzw. Ziegen deuten auf Almwirtschaft hin. Hier finden sich auch die o.g. Mirila. Der Weg zum südl. gelegenen höheren Veliki Vitrenik führt direkt weiter Richtung Süden.

Der Steig führt uns jetzt über Felsen und Steine, hier ist Trittsicherheit notwendig, der Verlauf ist durch regelmäßige Markierung gut sichtbar. Ca. eine Viertelstunde später ist der Gipfel erreicht, eine gigantische Fernsicht Richtung Meer und seine Inseln bzw. in das Velebit Gebirge entschädigen für den Aufstieg. Beim anschließenden Abstieg folgen wir den Markierungen über die Felsen vom Aufstieg bis zur Alm Wiese. Dort wieder gut sichtbar führt ein Weg direkt bergab Richtung Starigrad. Diesem folgen wir, merken schnell wie Ortschaft und Meer wieder näherkommen, die Durchquerung eines Kiefernwaldes markiert das Ende des Wanderweges. Im Wohngebiet, welches uns vom Start bekannt ist, tauchen wir wieder ein, in den Trubel der Hafenstadt.

Mirila- Totenrastplätze im Velebit

Die Totenrastplätze entstanden in der Zeit vom 17. bis 20. Jahrhundert, die Bewohner des Velebit lebten damals oft auf abgelegenen Höfen und Almen. Die Verstorbenen mussten über weite Strecken zum nächsten Friedhof getragen werden. Den Trägern wurde an bestimmten Plätzen (Mirila) erlaubt den Verstorbenen abzulegen und zu rasten. An diesen Plätzen nahm der Verstorbene zum letzten Mal Abschied von der Sonne. Die Ablagestelle wurde nach einem festen Schema mit Steinen markiert, diese wurden mit christlichen Motiven verziert. Für die Angehörigen hatte die Mirila einen höheren Stellenwert als das eigentliche Grab. Mit zunehmender Erschließung durch Straßen und der Landflucht ist dieser Brauch verschwunden. In der Gegend um Starigrad Paklenica finden sich mehrere Stellen mit Mirila. Beim Weiler Ljubotic sowie am Velik Vitrenik.

Wanderung 3: Von der Berghütte Zavzian über den Velika Kosa zum Balinovac

Über 2 Gipfel zum botanischen Lehrpfad

Gehzeit: ca. 3h,

Höhenmeter: 1520m (Parkplatz)- 1622m (Gipfel Velika Kosa)-1602m(Gipfel Balinovac)

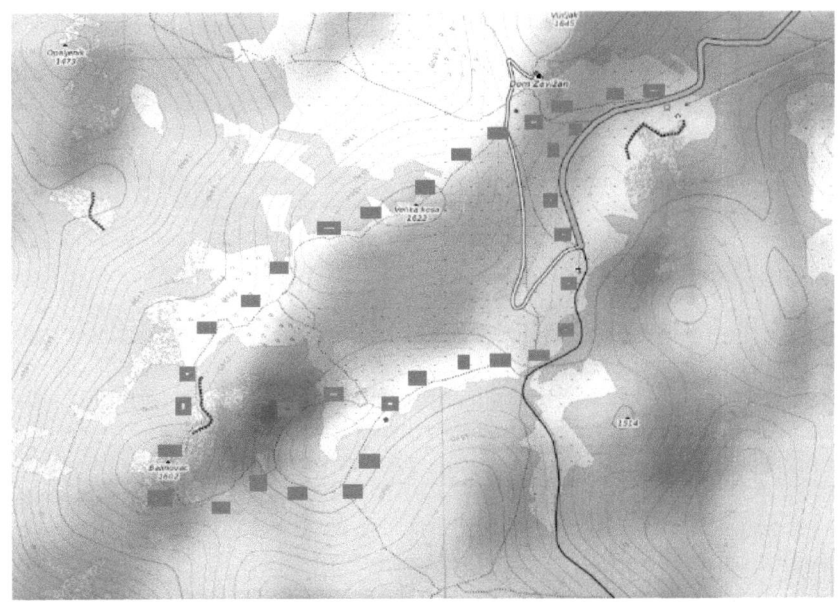

©opentopomap.org

Beginn der Tour ist der Parkplatz von Route 3 unterhalb der Berghütte Zavzian. Wir nehmen den kleinen Weg Richtung Hütte, ändern aber etwas unterhalb am Waldrand unseren Kurs Richtung Süden, über Wiesenhänge geht es auf kleinen Steigen auf den Gipfel Velika kosa. Krk, Rab, Pag und die kleinen Inseln liegen dem Wanderer zu Füßen. In südlicher Richtung geht es weiter, wir folgen den Markierungen über 2 Wiesenhänge bis zum Aufstieg des Balinovac.

Es wird zunehmend felsig, streckenweise folgt eine leichte Kletterei. Die schwierigste Stelle umgehen wir etwas östlich durch das Latschenfeld. Auch der zweite Gipfel des Tages lädt mit seiner Rundumsicht zum Verweilen, nur der stetige Wind kann die Pause kürzer ausfallen lassen. Der Abstieg erfolgt anfänglich über Schotterfelder, später durch Buchenwald Richtung einem Talkessel. In dieser Riesendoline erreichen wir den Rundweg des botanischen Gartens. Hier gedeihen ca. 300 Pflanzen, welche aus dem ganzen Velebit zusammengetragen wurden. Es gibt auch einen großen Steingarten mit für den Velebit typischen Blumenwelt.

Eine sehr gepflegt, liebevoll angelegte Anlage, die nicht nur Botanikern die Pflanzenwelt des Velebit näherbringt. Juni oder Juli sind die besten Monate für einen Besuch, zu dieser Zeit stehen die meisten Blumen in der Blüte Nach dem Rundgang wandern wir die Forststraße Richtung Parkplatz, oder einen kurzen Anstieg zur Rast in der Zavzian Hütte.

Sie ist die größte bewirtschaftete Berghütte im Velebit, je nach Jahreszeit machen hier viele Wanderer Station auf ihrer mehrtägigen Tour durch das Gebirge. Zur Hütte gehört auch eine Wetterstation, die vom Verwalter mit betreut wird. Sehenswert sind die Winter Bilder in der Gaststube.

Botanischer Garten

1964 von Dr. Frank Kusan, Professor für Pharmazeutik und Biochemie angelegt, mit dem Hintergedanken den Reichtum an Flora im Velebit der Allgemeinheit zugänglich zu machen. Auf 1480m Höhe gedeihen heute ca. 300 Pflanzenarten, die aus dem ganzen Velebit zusammen getragen wurden. Seltene Pflanzenarten wie die Velebit Degenie, die kroatische Blauspiere und die Velebit Nelke sind unter vielen anderen zu bestaunen.

Wanderung 4: von der Kuca-Alan Hütte zum Zecjak Gipfel

Durch Buchwälder und über Almwiesen

Gehzeit: ca 3h, Höhenmeter: 1340 (Hütte Kuca Alan)- 1622m (Gipfel Zecjak)

©opentopmap.org

Ausgangspunkt ist der Schlusspunkt von Route Nr. 6, die Hütte Kuca Alan. Nachdem wir beim Hüttenwart die Eintrittsgebühr für den Nationalpark entrichtet haben, folgen wird der Straße bergauf. Nach ca. 400m bei einem Denkmal zweigt ein beschilderter Wanderweg Richtung Süden ab. Wir folgen dem Weg und tauchen in die Wildnis des Velebit ein. Der erste Teil führt uns durch den typischen Buchenwald, im Hochsommer ein Genuss in der Kühle des Schattens zu wandern. Auf dieser Bergtour ist es wahrscheinlich Wanderer zu treffen, wir befinden uns auf einem der Wege, die der Länge nach durch das Velebit führen. Nach einer Steigung endet der Wald und wir können das Panorama zu aller Himmelsrichtung genießen.

Es geht über Almwiesen, in den Sommermonaten bestimmen Kuh- und Schafherden das Landschaftsbild. Wir gelangen zu einem Kreuzungspunkt, an dem sich mehrere Wanderwege treffen, für uns geht es Richtung Osten weiter, der Verlauf des Weges zeichnet sich deutlich ab und ist weit sichtbar.

Nachdem die Alm Wiese überquert ist, geht es deutlich bergauf, zwischen Kiefernlatschen und kleinen Bäumen, die Wind und Wetter trotzen, ist der Gipfel schon sichtbar und kommt schnell näher. Zum finalen Anstieg ändert der Weg nochmal seine Himmelsrichtung, für die letzten Meter geht es für uns wieder Richtung Süden, ehe wir den Gipfel erreichen.

Eine Metallstange und ein Felsen mit der Aufschrift „Zecjak 1622m" markieren die zweithöchste Erhebung im Velebit Gebirge. Es bietet sich uns ein atemberaubender Panoramablick Richtung Küste. Die Inseln Rab und Pag mit Ihren weit sichtbaren weißen Felsen liegen uns zu Füßen. An klaren Tagen ist sogar die Silhouette von Italien am Horizont zu erkennen. Der nachfolgende Rückweg erfolgt auf dem Hinweg. Zu einer längeren Rast lädt im Anschluss die Hütte Kuca Alan ein.

Wanderung 5: vom Parkplatz Dabarska Kosa zum Gipfel Visibaba

Die Inselwelt immer im Blickfeld

Gehzeit: ca. 2h,

Höhemeter: 930m (Parkplatz)- 1160m (Gipfel Visibaba)

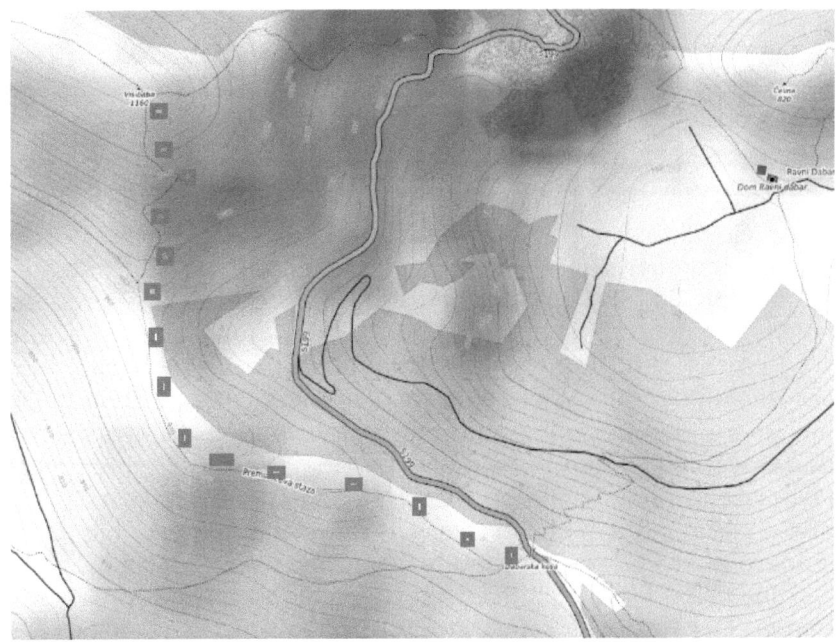

©opentopomap.org

Start und Ziel ist der bei der Route 03 angebende Wegpunkt (RD03). Dort endet die Teerstraße, für Wanderer sind einige Parkplätze vorhanden. Es bieten sich an diesem Punkt für Wanderer viele Möglichkeiten, einige Wege durch das Velebit kreuzen sich hier. Ein gut sichtbarer Weg führt uns einem dem Meer zugewandten Hang entlang, über eine Wiese mit Steinen durchsetzt führt uns der Weg stetig ansteigend Richtung Norden. Bei einer Weggabelung halten wir uns links, die Wiese endet, der Aufstieg zum Gipfel beginnt.

Das Gelände wird zunehmend felsig, die Wiese wird durch Bäume abgelöst. Die Wegführung ist jederzeit markiert und gut erkennbar. Es folgt ein Abschnitt über flache Felsen, hier ist es notwendig gut auf die aufgemalten Markierungen zu achten, ein Weg ist auf den Steinen nicht erkennbar. Aber schon bald haben wir wieder eine Wiese erreicht, der gut sichtbare Steig führt uns über einen Rücken zum Gipfel des Visibaba. Gemessen an den Felsen im Hinterland ein völlig unspektakulärer Gipfel, eine Metallstange mit Schildern markiert den Gipfel. Es bietet sich uns spektakuläre Sicht in alle 4 Himmelsrichtungen. Für eine längere Rast finden sich windgeschützte Senken, der allgegenwärtige Wind bläst auch hier auf den ausgesetzten Gipfeln fast immer. Der Rückweg erfolgt auf derselben Strecke wie der Aufstieg.

Danksagung:

Danke an die Waldarbeiter und Holzfäller im Velebit, die immer Zeit hatten, mir auf der Landkarte den richtigen Weg zu zeigen.

Fotonachweis:

Alle Fotos stammen vom
Autor Florian Bauer.

Alle Informationen in diesem Buch sind vom Autor mit größter Sorgfalt recherchiert und zusammengetragen worden. Da inhaltliche und sachliche Fehler nicht auszuschließen sind, erklärt der Autor, dass alle Angaben ohne Garantie erfolgen und der Autor keine Verantwortung oder Haftung für Fehler übernimmt. Die Reihenfolge der Nennung von Firmen (z.B. Campingplätze) erfolgt ohne Wertung gegenüber dem anderen.